Ensom Vandring

En pårørendes beretning

Hanne Nørgaard Jensen

Ensom vandring

En pårørendes beretning

Redaktion og korrektur: Hanne Nørgaard Jensen
Forlag: BoD – Books on Demand, Hellerup, Danmark
Tryk: BoD – Books on Demand, Norderstedt, Tyskland

ISBN: 978-87-4303-295-3

INDHOLDSFORTEGNELSE

FORORD

Den 7. maj 2018 blev min dengang 18-årige søn, Christian, diagnosticeret med attakvis multipel sclerose (i det følgende benævnt sclerose eller MS).

Min verden styrtede sammen. Jeg læste naturligvis alt, hvad jeg kunne finde om sygdommen – både lægefaglige pjecer fra hospitalet og materiale fra nettet. Jeg søgte efter ligesindedes råd, erfaringer, følelser og forståelse, men følte mig meget alene. Det er ikke så hyppigt, at teenagere får denne sygdom. Der findes langt mere materiale til ægtefæller som pårørende og børn som pårørende til en forælder med sclerose.

Jeg tegnede et familiemedlemskab i Scleroseforeningen som noget af det første for at få hjælp og viden. Der læste jeg om, at der findes pårørendegrupper og -møder, hvilke er vældige gode initiativer, som jeg sandsynligvis vil benytte mig af på et tidspunkt. Men der skal en vis portion overskud til at komme ud ad døren og tage af sted til disse møder, hvilket jeg ikke havde på dette tidspunkt – og faktisk endnu ikke har, men jeg nærmer mig.

Gennem foreningen kan man få gratis psykologhjælp, hvilket jeg benyttede mig af en enkelt gang, men det føltes slet ikke som det rigtige for mig på daværende tidspunkt. Jeg var så frustreret og ked af det og havde et stort behov for bare at tale og tale om det. Jeg magtede ikke at skulle have eventuelle redskaber til at håndtere situationen med, og min sorg skulle heller ikke dulmes. Hvorfor skulle den det? Det ville Christian jo ikke blive rask af.

Udgangspunktet for min historie var aldrig en form for selvhjælpsbog. Jeg håber snarere, at andre pårørende kan identificere deres følelser omkring sclerose og den scleroseramte person i deres liv. Den kan forhåbentlig også give både den scleroseramte og den udenforstående et indblik i en pårørendes følelser og tanker.

Dette er min beretning om, hvordan jeg som pårørende til en scleroseramt fik revet tæppet væk under mig, hvordan jeg gik ned med flaget næsten uden selv at bemærke det i første omgang, hvordan mine prioriteter ændredes, og hvordan jeg langsomt genfandt en rytme – som, viser det sig, jeg ikke kan holde takten med, når noget omkring sygdommen ændrer sig.

HVAD ER SCLEROSE (MS)?

Sclerose er en autoimmun sygdom, som nedbryder dele af nervecellerne. Det betyder, at nerverne ikke kan kommunikere ordentligt, og det viser sig i form af forskellige symptomer, fx føleforstyrrelser, synsproblemer, lammelser eller kognitive symptomer som hukommelses- og koncentrationsbesvær. Sclerose skyldes en fejl i immunsystemet, som går til angreb på nervecellerne i centralnervesystemet. Centralnervesystemet består af nerverne i hjernen, rygmarven og synsnerverne. Det er fedtskederne, myelinet, der angribes. Myelin isolerer nervecellernes udløbere (axoner). Myelin kan sammenlignes med det isolationsmateriale, som ligger rundt om elektriske ledninger. På samme måde som isolationsmaterialet har myelin en isolerende effekt, som betyder, at nerveimpulserne løber uhindret og hurtigt gennem nerverne. Kroppen er selv i et vist omfang i stand til at gendanne myelin, men det sker ikke i samme takt, som sygdommen nedbryder myelinet, og på et tidspunkt kan nervecellerne ødelægges helt og dø. Døde nerveceller kan ikke erstattes.

Når myelin nedbrydes, blotlægges dele af nervecellernes axoner, og dermed forringes ledningen af de elektriske impulser, som nerverne sender. Der opstår betændelse omkring nervetrådene, og med tiden kommer der arvæv, så meddelelser fra hjernen til forskellige dele af kroppen kun dårligt eller slet ikke når frem. Det betyder, at kroppen kommer til at fungere dårligere.

De områder i hjernen eller rygmarven, hvor myelinet er beskadiget, kaldes læsioner eller plaks.

Hvorfor får man sclerose?
Man kender endnu ikke de præcise årsager til sclerose. Man ved, at både genetik og miljø har en betydning, men det er umuligt at forudsige, hvem sygdommen rammer.

Miljøfaktorer er ting fra vores hverdag, som vi løbende bliver udsat for. Herudover har forskningsprojekter vist, at mangel på D-vitamin kan øge risikoen for at få sclerose, og lav koncentration af D-vitamin hos nyfødte børn øger deres risiko for senere i livet at udvikle sclerose. Udover D-vitamin er rygning og Epstein-Barr-virus (kyssesyge) to miljøfaktorer, man mener har betydning for udviklingen af sclerose. Studier viser, at rygning øger risikoen for at udvikle sclerose. Derudover er mennesker med attakvis sclerose, der ryger, i øget risiko for hurtigere at overgå til sekundær progressiv sclerose, end dem, der ikke ryger.

Genetiske faktorer er medfødte og er bestemt af sammensætningen af vores arvemateriale. Sclerose er ikke defineret som en arvelig sygdom, men generne spiller en rolle. Man kender omkring 150 gener, der er såkaldte risikogener i forhold til sclerose, og der er højst sandsynligt flere. Er man bærer af et eller flere risikogener, betyder det, at man har en øget sandsynlighed for at få sclerose. Det betyder dog ikke, at man nødvendigvis får sygdommen.

Der findes 3 former for sclerose:

1) Attakvis multipel sclerose

Dette er den form for sclerose, som Christian har. Sygdommen er kendetegnet ved attaks. Et attak er et sygdomsangreb, der kan vare i dage, uger og nogle gange måneder. I løbet af et attak kan man opleve nye symptomer eller forværring af allerede eksisterende symptomer. Det kan bl.a. være føleforstyrrelser, nervesmerter og nedsat kraft i arme og ben. Et attak kan variere fra at være mildt til svært. Nogle attaks får lov at gå over af sig selv, mens de værste kan kræve hospitalsindlæggelse og behandling med binyrebarkhormon. Dette har været tilfældet for Christian 2 gange. Efter et attak aftager symptomerne igen. Nogle kommer sig fuldstændigt efter attakket, men i cirka 50 % af tilfældene efterlader et attak varige skader på kroppen. Der findes desværre ingen medicinsk behandling, der kan helbrede sclerose, men der findes flere former for sygdomsmodificerende behandling til attakvis sclerose. Dvs. behandling der kan bremse sygdommens udvikling. Det er endnu ikke videnskabeligt bevist, om medicinsk behandling af attakvis sclerose udskyder den sekundære progressive fase

2) Primær progressiv sclerose

Primær progressiv sclerose er kendetegnet ved, at man gradvist bliver dårligere over tid. Der sker altså en mere glidende udvikling af sygdommen ved primær progressiv sclerose end ved attakvis sclerose, hvilket gør den sværere at spotte. Mennesker med primær progressiv sclerose diagnosticeres i gennemsnit, når de er omkring 50 år gamle. I januar 2019 blev den første sygdomsmodificerende behandling til primær progressiv sclerose godkendt. Dog kun til patienter op til 45 år…

3) Sekundær progressiv sclerose

Efter ca. 15 år fra diagnosen på attakvis sclerose vil de fleste med attakvis sclerose overgå til at have sekundær progressiv sclerose. Sekundær progressive sclerose er karakteriseret ved en stadig fremskridende forværring af funktionsniveauet. Man kan stadig opleve attakker ved sekundær progressive sclerose, men de bliver færre med tiden. Der findes ingen medicinsk behandling decideret rettet mod sekundær progressiv sclerose. Mange vil fortsætte med deres medicinske behandling mod attakvis sclerose, indtil neurologerne er helt sikre på, at man er overgået til den sekundære fase. Når man over en længere periode har oplevet en gradvis forværring uden attakker, stopper man sædvanligvis den medicinsk behandling

Blot lige til oplysning: ALS er ikke sclerose. Dette tror nogle fejlagtigt, fordi "S'et" i betegnelsen står for sklerose. ALS er dødelig, og det er MS ikke. Man dør ikke af sin sclerose, men med sin sclerose.

TIDEN OP TIL DIAGNOSEN

<u>Mandag morgen den 2. april 2018</u>

Jeg har aftalt med Christian, at jeg kommer forbi ham og kører ham til bussen. Han skal fra Ans til Bjerringbro på gymnasiet, hvor han går i 2.g. Jeg arbejder på Ans Skole og kan lige nå at køre ham til bussen, inden jeg skal møde på arbejde.

Christians far, Jørgen, og jeg er skilt. På daværende tidspunkt bor Christians hos sin far i Ans, og jeg bor i Levring sammen med min mand, Tom.

Der er intet i vejen for, at Christian kan gå eller cykle ned til bussen om morgenen, men jeg kommer gerne om morgenen og kører ham til stationen for at få 5-10 min. sammen med ham. Det er dejligt at få sagt hej, høre om dagens planer og give et knus, inden vi fortsætter hver vores vej.

Da Christian sidder i bilen, fortæller han, at han har svært ved at se på sit venstre øje. Det gør ondt, når han bevæger det, og synet er sløret, men han har også sovet virkelig dårligt om natten og hunden, Zenta, har vækket ham flere gange. Jeg lytter, men det er ikke noget, der alarmerer mig.

<u>Tirsdag morgen den 3. april 2018</u>

Jeg henter igen Christian. Jeg spørger til øjet, og han siger, at det ikke er blevet bedre. Han har stadig sløret syn. Vi aftaler, at jeg kontakter min optiker, som han får en tid hos om onsdagen. Hun kan ikke få hans syn til at være optimalt, så hun anbefaler, at vi tager til en øjenlæge. Jeg ringer til min øjenlæge om torsdagen, og vi får en tid få timer senere. En fantastisk service.

<u>Torsdag den 5. april 2018</u>

Da vi kører til øjenlægen i Viborg, taler vi om, at Christian sikkert har øjenbetændelse, siden det gør ondt, når han bevæger øjet. Vi håber, at han kan få noget medicin, der hurtigt kan hjælpe, for Christian skal på studietur med gymnasiet til Bruxelles om mandagen, 4 dage efter.

Besøget ved øjenlægen går ikke som forventet. Da Christians øjne er blevet undersøgt ved forskellige apparater, siger øjenlægen, at han vil sende Christian akut videre til neurologisk afdeling på Regionshospitalet Viborg. Vi bliver noget forbavsede, og jeg spørger om, hvorfor han dog skal dertil? Øjenlægen svarer, at Christian har synsnervebetændelse, og at det videre forløb foregår fra hospitalet. Vi sætter os i bilen og synes, at det er vildt overdrevet, at hans "øjenbetændelse" skal behandles på hospitalet. Humøret er okay, og vi aftaler at køre omkring neurologisk afdeling med udskriften af den akutte henvisning fra øjenlægen. Det er lige på vejen, og det er jo snart mandag, så vi kan lige så godt komme i gang med behandlingen. De har naturligvis ikke tid til os, da vi tropper uanmeldt op på afdelingen, og de har heller ikke nået at modtage noget fra øjenlægen på dette tidspunkt. Det har jeg en god løsning på, synes jeg, da jeg jo står med en udskrift af henvisningen, men det kommer jeg ikke igennem med. Jeg prøver at forklare, at vi jo har lidt travlt, da Christian skal på studietur om mandagen, og at de nok har travlt med andre ting i weekenden på afdelingen, så hvorfor ikke hjælpe os nu. Det kommer jeg heller ikke igennem med. Vi bliver sendt derfra med en besked om at ringe til afdelingen fredag over middag. Jeg bliver lidt sur og spørger, om det så er planen, at de vil se Christian fredag eftermiddag, men det kan de ikke svare på. Vi går derfra og kan ikke rigtig forstå, hvad der sker. Hvorfor er der ikke nogen, der kan forklare, hvad vi i det hele taget laver på neurologisk afdeling?

<u>Fredag den 6. april 2018</u>

Jeg ringer til hospitalet på det aftalte tidspunkt, men får at vide, at lægen desværre ikke har nået at kigge på øjenlægens papirer, så jeg skal ringe igen senere om eftermiddagen. Det når jeg imidlertid ikke, for ved 15-tiden ringer neurologilæge Lars Ølgaard Bloch til mig og siger, at

Christian skal komme hurtigst muligt. Han skal indlægges, så de kan foretage forskellige undersøgelser og forhåbentlig udelukke, hvad de mistænker. Jeg bliver fuldstændig rundt på gulvet og siger, at vi overhovedet ikke har fået nogen forklaring på noget som helst. Hvad er det, de vil undersøge for? Og hvad er det, der forhåbentligt kan udelukkes? Lægen svarer "sclerose"…

Tiden går i stå. Jeg forklarer hurtigt Tom, hvad lægen har sagt, og ringer derefter til Jørgen. Vi aftaler, at jeg starter med at tage med Christian på hospitalet, da Jørgen har en aftale først på aftenen. Han kan så komme bagefter og afløse mig.

Da jeg henter Christian, kommer Jørgen hen til bilen. Han ser alvorlig ud og siger, at synsnervebetændelse og nogle andre gener, som Christian har haft, peger i retning af sclerose, så vidt han har kunnet nå at google. Jeg ved ikke, hvad han taler om. I bilen spørger jeg Christian om, hvilke andre gener, han har haft. Han fortæller, at højre ben og fod har været underligt svagt og sovende den sidste måneds tid. Jeg er uforstående over, at jeg ikke har fået noget at vide.

Christian bliver indlagt. Lægen banker ham på knæerne med en gummihammer, og han trækker en skarp genstand under fødderne fra hælene til tæerne. Han spørger ham om eventuelle føleforstyrrelser, og Christian fortæller om sit højre ben. Han fortæller også om, at han ca. et år forinden oplevede det samme ved maven. På dette tidspunkt tog Jørgen og Christian til lægen med det, men lægen vidste ikke lige, hvad det kunne være, så han gjorde ikke yderligere. Dette vidste jeg heller intet om, og inderst inde blev jeg lidt vred over, at jeg heller ikke havde fået noget at vide om det. Hvad jeg til gengæld overhovedet ikke forstår er, at vores praktiserende læge intet gjorde. Det kræver ikke andet end en simpel søgning på ord som "sovende hud" og "nedsat følesans", før man støder på ordet sclerose.

Jeg kommer i tanke om, at Christian et par måneder forinden klagede sig over, at hans hud kløede og især efter bad. Jeg drillede ham først lidt og sagde, at han skulle sørge for at skylle al sæben af, men rådede ham til at bruge både en mild og parfumefri sæbe og efterfølgende creme. Det hjalp imidlertid ikke på det.

Først på aftenen vil de tage en lumbalpunktur (prøve af rygmarvsvæsken). Ved denne prøve undersøger man væsken, der omgiver hjernen og rygmarven. I tilfælde af fx sclerose vil der ofte være nogle antistoffer i blodet. Disse antistoffer er tegn på betændelse i hjerne og rygmarv. Christian sidder på sengekanten med foroverbøjet overkrop og armene omkring min hals. Det gør ondt på ham, og det gør mig så ked af det. Der forsøges nogle gange, men det lykkedes ikke. De beslutter, at han skal køres til anæstesien for at få foretaget lumbalpunkturen der, men der er travlt, og det ender med først at blive ved 22-tiden.

Julie, Christians kæreste, kommer på besøg sammen med Cecilie og Lucas (Christians søster og svoger). Vi er alle lidt ved siden af os selv og ved ikke helt, hvad vi skal mene om situationen, så vi snakker og forsøger at holde det hele i en let tone.

Jørgen kommer for at afløse mig. Han virker alvorlig og bange og siger igen, at det hele passer på symptomerne på sclerose. Jeg vil ikke tage det ind, bliver lidt irriteret og forsøger at affærdige det hele med et godt humør. Da jeg tager derfra, bestiller jeg Sushi, som jeg tager med hjem. Først da Tom og jeg sidder over Sushien og googler, forsvinder det gode humør, og jeg mærker en snigende uro.

Ved midnatstid fortæller de, at Christian skal have en 3 dages behandling med Medrol (binyrebarkhormon), som er betændelsesdæmpende, for at slå synsnervebetændelsen ned. Det er dog blevet for sent at starte med det denne fredag aften, da man kan blive hyper af det, og Christian vil måske dermed få for lidt søvn. Det aftales, at han skal have det intravenøst lørdag, søndag og mandag. Han kommer dermed ikke med på studietur til Bruxelles, da de skal af sted om mandagen. Desuden er han i et DSudredningsforløb (dissemineret sclerose) og bliver derfor frarådet at rejse.

Jørgen og jeg fordeler de 3 dage mellem os, og vi bliver bekendt med de næste step i forløbet:

- VEP (måling af synssans). Dettes undersøges ved påsættelse af elektroder i hovedbunden

- SEP (måling af følesans). Man undersøger følenervens evne til at lede elektriske signaler fra håndled/ankelled og til hjernen. Dette undersøges ved påsættelse af elektroder i knæhaser, kraveben, nakke, nedre ryg, hofte og hovedbund. Ved scleroseangreb (attakker) vil der opstå ardannelser i hjernen og på rygmarven, som medfører, at nerveimpulser/signaler fragtes langsommere i kroppen. Ved at sætte strøm til elektroderne opfanges hjernebølger og hjernereaktion

- MR-skanning af hoved og rygmarv, hvorved billeder vil kunne vise områder med beskadigelser på nervetråde i form af plaks (hvide pletter). Ved sclerose har disse plaks ofte en bestemt form og beliggenhed

Jeg tager med til VEP/SEP og skanningen.

Først er det elektroderne. Vi sidder på gangen og venter på at blive kaldt ind, så Christian kan få elektroder på. Da det sker, får jeg at vide, at jeg skal blive siddende. Vi bliver helt forvirrede, da Christian og jeg havde regnet med, at jeg var med hele vejen. Vi kigger på hinanden, og Christian følger med kvinden til VEP. Jeg finder noget læsestof, men kan ikke koncentrere mig. Efter ca. 20 min. går døren op, og de kommer ud. Nu er det SEP. Dette forløb vil tage en times tid. Jeg siger, at jeg gerne vil med. Dette er i orden, hvis jeg kan finde mig i at være helt stille, og at der er mørkt i lokalet. Det kan jeg naturligvis. Jeg sætter mig på en stol bag Christian, og elektroderne monteres. Der sættes strøm til, og Christians fødder begynder at banke imod sengekanten, uden at han kan styre det. Det er ikke rart at se på.

Bagefter forsøger vi at fjerne de store fedtklumper fra Christians hår og hovedbund, hvor elektroderne har siddet. Det kan simpelt hen ikke lykkes uden en reel hårvask, så vi går grinende derfra, fordi Christians hår ser vildt fedtet og uglet ud.

Den 15.-18. april tager Cecilie og jeg til Pisa. Denne tur planlagde vi før alt dette med Christian, og jeg glæder mig meget til at få noget alenetid med Cecilie, som jeg har forsømt i de seneste uger, føler jeg. Vi taler lidt om det, der foregår med Christian, men det får ikke lov til at fylde. På et tidspunkt, hvor vi står ved en fodgængerovergang, kommer jeg til at kigge på en minibus, der er standset for rødt. På den ene bagklap er der et handikapskilt, og på den anden står der "MS", som er en forkortelse af multipel sclerose. Jeg stivner, og min første tanke er, at det må være et tegn, men jeg er nu ikke overtroisk og ryster det af mig igen. Vi får en rigtig dejlig og hyggelig tur. Vi bor helt centralt på et hotel lige overfor banegården, og vi går på cafeer, er i Det skæve Tårn, på markedsplads, på bustur til Lucca m.m.

<u>Mandag den 23. april 2018</u>

Hjemvendt fra Toscana er det nu tid til MR-skanningen, som foregår på Regionshospitalet Silkeborg. Christian har fået noget beroligende til at tage toppen af klaustrofobifølelsen, og han vil gerne have, at jeg går med ind til skanneren. Jeg finder nogle blade at kigge i og sætter mig, så jeg kan lægge en hånd på Christians ankel, så han ved, jeg hele tiden er der. Der er koldt i lokalet, og det larmer meget, hvorfor jeg også får høreværn på. Efter ca. ½ time afbrydes skanningen, da Christian skal have kontrastvæske. Skanningen fortsætter herefter. Da vi endelig kommer ud, er det gået 1½ time!

Efterfølgende får Christian får et brev i sin e-Boks med en tid til lægesamtale ca. 3 uger efter skanningen, hvilket er medio maj. Jeg synes, det er vildt lang tid at gå i uvished, så jeg ringer for at fremrykke datoen. Vi får en anden tid, som ligger en lille uge før. Det er bedre end ingenting.

<u>Torsdag den 3. maj kl. 03.00</u>

Telefonen ringer. Jeg er ved at dø af skræk, da Christians kontaktfoto udfylder skærmen på min mobil. Han fortæller mig, at han ikke kan mærke berøring på sin venstre side af ryggen og om mod brystkassen. Det er som om, den sover. Jeg bliver virkelig bange og er lige ved at ringe til vagtlægen, men får heldigvis besindet mig. Vi aftaler, at jeg ringer til hospitalet den følgende morgen.

Da jeg ringer, er min eneste tanke, at Christian skal have Medrol med det samme, så dette attak kan stoppes. Sygeplejersken tager det meget roligt og forklarer mig, at det nu ikke bare er noget, man giver pga. føleforstyrrelser. Det giver man kun, hvis attakket har varet mindst et døgn, samt hvis pågældende legemsdel begynder at blive ufunktionsdygtigt. Han skal dog komme ind til blodprøvetagning for at få målt infektionstal. Det frustrerer mig meget, at der ikke skal gøres yderligere. De kan da ikke være i tvivl om, at dette er et nyt attak!

Vi kører til Viborg sidst på formiddagen. Der tages blodprøver, og vi får at vide, at Christian vil blive ringet op ved 13-tiden samme dag. For at få tiden til at gå, kører vi på

Sunset Boulevard og spiser frokost. Kl. 13.30 gider Christian ikke vente længere og vil gerne køres hjem. Jeg sætter ham af og vil derefter køre på arbejde. Da jeg er tæt på skolen, ringer min mobil. Det er fra hospitalet. Sygeplejersken beder om at komme til at tale med Christian, men jeg fortæller, at han er hjemme nu. Hun fortæller mig, at de har fået svar på skanningen, og at de gerne vil fremrykke vores tid til lægesamtalen til den 7. maj. Hun vil også gerne selv ringe til Christian og aftale dette med ham. Mit hjerte hamrer vildt derudaf, for min eneste tanke er, at det er dårligt nyt, at de vil se os hurtigere end planlagt. Som i en tåge tager jeg på arbejde og fortæller ledelsen om opringningen. Vi taler også om, at det på et eller andet plan også er godt med vished, som også betyder handling. Jeg mødte så fin en forståelse, men husker faktisk ikke dagene frem til mandag.

DIAGNOSEN

<u>Mandag den 7. maj 2018</u>

Christian, Jørgen og jeg mødes ved hospitalet. Da vi sidder på gangen og venter på at blive kaldt ind, er det med alvorlige miner. Vi taler om, at vi formentligt får dårlige nyheder om lidt. Jeg er slet ikke i tvivl, da to sygeplejersker udover overlægen skal deltage ved samtalen.

Overlæge i neurologi, Friedrich Schlesinger, starter med at fortælle os, at Christian har attakvis multipel sclerose, og at han antageligvis har haft sygdommen siden 13 års-alderen pga. de mange plaks i hjernen og rygmarven. Friedrich viser os billeder fra MR-skanningen, så vi kan se de mange plaks. Der var en del forandringer under hjernebarken, i stor- og lillehjernen samt minimum 5 forandringer i rygmarven. Resultatet fra rygmarvsprøven viste desuden forhøjet tal af antistoffet immunglobulin G samt en igangværende betændelsesproces i hjerne og rygmarv. Christian tilknyttes nu Scleroseklinikken på Regionshospitalet Viborg.

Den ene sygeplejerske informerer os herefter om den medicin, der foreslås til Christian. Det er en 1. linjebehandling i form af en pille, Aubagio, som Christian skal tage hver dag.

På baggrund af en måneds intensive undersøgelser og bange anelser mente jeg, at jeg havde forberedt mig på at høre sclerosediagnosen, men sådan fungerer det bare ikke. Jeg græd gennem hele samtalen. Jeg kunne ikke standse tårerne, der bare strømmede ned ad kinderne. Det ramte helt utroligt hårdt at få besked om, at ens barn har en kronisk, uhelbredelig sygdom, som i værste fald kan invalidere ham. Det kunne simpelt hen ikke være rigtigt, at sådan noget skulle ske for min dreng. Jeg blev så ked af det på Christians vegne. Ked af en usikker fremtid. Ked af uretfærdigheden. Ked af, at det var ham i stedet for mig.

Da vi går derfra, siger Christian til mig: "Mor, nu ved vi, hvad det er. Du behøver altså ikke at spørge mig hver dag, hvordan jeg har det. Det gider jeg ikke have". Jeg siger, at jeg godt kan forstå det, at det er meget svært at lade være, men at jeg nok skal tænke over det. Men så skal vi også kunne aftale, at informationspligten ligger hos ham. Det aftaler vi.

Resten af dagen husker jeg ikke.

Dagen efter tager Christian og Jørgen på hospitalet for at få udleveret Aubagio. Man får til 4 uger ad gangen og skal så hente ny medicin herefter. Han får desuden et rejsekort og tid til kontrol en måned efter.

AUBAGIO OG FORVÆRRING

<u>Lørdag den 19. maj 2018</u>

Christian får igen føleforstyrrelser. Denne gang under venstre fod, som konstant sover. Han har også fortsat føleforstyrrelser på overkroppen.

<u>Onsdag den 23. maj 2018</u>

Jeg ringer til Scleroseklinikken og får igen at vide, at der intet skal gøres. Christian skal blot komme til den aftalte månedskontrol, og så skal jeg ringe, hvis det forværres. Igen bliver jeg frustreret. Nu har jeg netop ventet med at ringe for at være sikker på, at forstyrrelsen varede ved, så det kan betegnes som et attak – men til hvilket formål? Hvorfor skal han ikke have Medrol, så de kan bremse alle de igangværende angreb i hans krop? Er de overhovedet dygtige nok i Viborg, eller skal jeg arbejde på at få en second opinion fra fx Aarhus Universitetshospital?

I de følgende dage forværres føleforstyrrelserne, som nu går op ad venstre ankel.

Mandag aften skal jeg hente Christian og Julie efter en biograftur. Det er lunt, og Christian kommer i shorts. Da de kommer gående over broen ved Papirfabrikken i Silkeborg, bliver jeg chokeret over hans gang. Han løfter venstre ben højere, end han plejer. Vi taler om det i bilen, og han siger, at det jo er fordi, han ikke har føling med sin fod og sit ben, som sover.

Tirsdag ringer jeg til Scleroseklinikken og fortæller om status. Beskeden er, at vi skal fastholde vores månedskontrol, som er 3 dage efter. Jeg bliver vred og beslutter mig for, at jeg vil diskutere dette med lægen til kontrollen.

<u>Fredag den 1. juni 2018</u>

Jørgen, Christian og jeg tager til månedskontrol, som i første omgang foregår ved sygeplejersken. Føleforstyrrelserne har nu bredt sig til hoften, og Christian oplever en kraftnedsættelse fra hoften og ned til knæet. Jeg føler ikke, at der handles på det, så jeg beder om lægetilsyn.

Friedrich tilser Christian, og han observerer, at gangfunktionen og balancen er påvirket. Christian knækker i venstre ben, og knæet giver efter, hvilket giver ham en let gyngende gang. Friedrich beslutter, at Christian skal indlægges til 3-dages Medrol-behandling samme dag, og at der skal foretages en ergo-/fysioterapeutisk vurdering. Samtidig bestiller han tid til en ny MR-skanning.

Jørgen tager af sted, og Christian og jeg tager på café og får frokost inden Medrol-behandlingens start om eftermiddagen. Vi møder ind om eftermiddagen og venter, venter, venter… Jeg går ofte ud på gangen for at gøre opmærksom på vores tilstedeværelse. Kl. 19.00 tager de blodprøver, og vi får at vide, at der desværre er sket en fejl, idet dette skulle have været kl. 17.00.

Ved 20-tiden bliver det aftalt at udsætte behandlingen til næste dag, da Christian sover dårligt efter Medrol-behandling. Vi tager hjem.

Dagen efter, lørdag, opstartes Medrol-kuren, som afsluttes mandag den 4. juni 2018. Inden udskrivningen om mandagen tilses Christian af en ergoterapeut, som ikke finder behov for yderligere ergoterapeutiske tiltag, men opfordrer til balance- og styrketræning.

Da Christian udskrives, noterer neurologilægen, at der fortsat er nedsat følelse i hele venstre ben ved berøring og stik. Efter et par uger tager sygdommen fat igen. Christian får føleforstyrrelser i venstre tommeltot, hvilket fortsætter til venstre arm.

Den 7. juli 2018 bliver Christian 19 år. Der er sommerferie fra gymnasiet, hvilket er tiltrængt. Christian oplever nedsat koncentration i skolen og hviler sig ofte, når han kommer hjem fra skole. Han har også fortalt, at han har en tendens til at glemme aftaler, hvilket Julie hjælper ham med.

Efter diagnosticeringen var Christian, Jørgen og jeg til samtale på gymnasiet. Vi forklarede om sygdommen, som naturligvis ville give fravær i forhold til hospitalsbesøg, men måske også pga. sygdomsforværring. Vi mødte stor forståelse for situationen. Desuden ville Christian få muligheden for ekstra tid i forbindelse med eksaminer. Stor tak og ros til Bjerringbro Gymnasium, som på alle ledder og kanter har forsøgt at hjælpe med et set-up, der tilgodeser Christian.

<u>Onsdag den 18. juli 2018</u>

Christian og jeg tager til endnu en MR-skanning på Regionshospitalet Silkeborg. Da vi sidder i venteværelset, siger Christian, at jeg ikke behøver at gå med ind denne gang. Han er træt og regner med bare at falde i søvn med det samme. Da skanningen er færdig, kommer Christian hen til mig og siger, at han aldrig går derind alene igen. Det havde været en ubehagelig, klaustrofobisk oplevelse til trods for, at han havde taget en beroligende pille. Han havde været ved at trykke på stopknappen flere gange. Jeg kan sagtens forstå ham, da jeg selv har det på samme måde i forhold til afgrænset plads.

<u>Fredag den 20. juli 2018</u>

Jeg ringer til Scleroseklinikken for at høre, om der er svar på MR-skanningen, da Tom og jeg skal til Kreta ugen efter.

Der er ikke kommet svar. Sygeplejersken spørger til Christian, og jeg fortæller om venstre tommeltot og arm. Hun siger, at hun kan se, at vi ikke har kontaktet klinikken i den forbindelse. Jeg svarer lettere krigerisk, at det er der jo ingen grund til, da der jo alligevel ikke sker noget ved det!

Jeg kan godt se nu, at det ikke var det mest befordrende at sige, men på daværende tidspunkt var vi alle ved at være tyndslidte omkring hele situationen. De seneste 4 måneder havde vendt op og ned på vores liv, og jeg følte mig magtesløs og sårbar.

<u>Mandag den 23. juli 2018</u>

Jeg modtager en SMS fra Jørgen, som fortæller om skanningssvaret. Der er tilkommet voldsomt mange læsioner; minimum 2 i rygmarven og 7 i hjernen. Vi er tidligere blevet oplyst om, at maksimum 1-2 læsioner årligt er acceptabelt. Overlægerne Friedrich Schlesinger og Lise Gammelgaard konstaterer, at Aubagio ikke har nogen tilstrækkelig effekt, og at medicinen skal udvaskes over de næste 11 dage, så Christian herefter kan påbegynde 2. linjebehandling med Tysabri.

Jeg flipper ud i vores lejlighed på Kreta. Bliver ked af det, græder, skælder ud og bliver uretfærdig, men kan ikke overkomme at være rationel. Hvorfor tager alle det så roligt?

TYSABRI

Tysabri er et lægemiddel til behandling af attakvis MS. Tysabri har været anvendt siden 2006, og når Tysabri virker efter hensigten, kan det halvere udviklingen af symptomer hos sclerosepatienter og nedsætte antallet af attakker med 2/3. Tysabri gives som infusion i en blodåre hver 4. uge. Selve infusionen tager ca. en time, som efterfølges af ½ times saltvandsinfusion samt observation.

Når man modtager Tysabri-behandling, bliver man jævnligt tjekket for, om man danner antistoffer mod medicinen, hvilket vil ophæve virkningen. I så tilfælde skal behandlingen stoppes. Der tjekkes også jævnligt for JC-virus. Hvis man testes JC-virus positiv, når man er i Tysabri-behandling, kan dette give PML, som er en sjælden type hjernebetændelse, der kan have dødelig udgang. PML opstår hyppigst efter mere end 12 måneders behandling med Tysabri, og symptomerne ligner et attak. Hvis en MR-skanning og/eller prøve fra rygmarvsvæsken viser begyndende tegn på PML, stopper man Tysabri-behandlingen og udskifter dele af blodet, så man fjerner Tysabri fra kroppen og dermed genetablerer patientens immunsystem, som så selv fjerner PML. Herefter skal der findes en anden behandlingsmedicin.

Christian og jeg møder ind på Scleroseklinikken til den første behandling med Tysabri. Det hele forløber fint, og Christian mærker kun lidt svie i halsen under infusionen.

Christian har siden da været til behandling på Scleroseklinikken ca. hver 4. uge. Jeg er altid med ham på nær et par gange under Coronaen, hvor pårørende ikke måtte komme med ind på hospitalet. Vi har talt om, at han skal sige til, når han ikke gider have det længere. Det foregår på samme måde hver gang: før infusionen måles blodtryk, puls og temperatur, og sygeplejersken spørger til Christians generelle tilstand. Han indikerer i et skema, hvor han ligger i forhold til symptomer på træthed (fatique), koncentrationsbesvær og indlæringsvanskeligheder. Dette er en analyse af livskvalitet, og scoren sammenlignes fra gang til gang. Herudover tages der en SDMT-test, hvor man på tid matcher symboler og tal ud fra en forudbestemt nøgle, hvilket enkelt og hurtigt undersøger patientens kognitive funktion. Her sammenlignes resultatet også fra gang til gang. Til sidst anlægger sygeplejersken en venflon i underarmen, da Christian ikke vil stikkes på hænderne. Han bliver altid lidt dårlig ved dette og ligger ned til denne del.

Efter 3 måneder er vi til lægesamtale med Friedrich. Alt er, som det skal være, og sclerosesymptomerne er fuldstændig i ro. JC-virus er negativ, og der er ingen tegn på PML. Det er så dejligt, at der endelig er stilstand omkring sygdommen.

Tysabri-behandlingerne går rigtigt fint. Christian fortæller, at han kan mærke, at han er "lav" på medicin i kroppen efter ca. 3 uger. Han får taget blodprøver hver 6. måned, årlige MR-skanninger og regelmæssige lægesamtaler ved Friedrich og indimellem andre læger. Han har ikke oplevet nye attakker, og han tåler behandlingen uden at få nogen bivirkninger.

MIN NEDTUR

En dag, da Christian og jeg kører fra skolen til Viborg, passerer vi SFO'en, hvor nogle mindre børn leger i et træ ud mod vejen. Jeg får et flashback og udbryder: "Kan du huske, da du gik i Fritten og legede dér? Jeg kan nu godt savne, da I var små". Christian svarer: "Tror du egentlig, at det med sclerosen kan fremprovokeres af noget dårligt, der sker, som fx skilsmisse?". Jeg bliver hylet lidt ud af den og svarer noget med, at det tror jeg ikke, for det er noget genetisk osv., men resten af dagen fyldte det alt i mig. Jeg er ikke sikker på, at Christian den dag i dag husker, at han spurgte om det, men jeg tror aldrig, jeg aldrig glemmer det.

Efterfølgende er jeg ikke så sikker på, at mit svar var helt rigtigt. Man hører om, at vi alle har latente sygdomme i os, fx sukkersyge eller kræft. Latente sygdomme er skjulte eller inaktive og kan komme til udfoldelse hos nogle grundet forskellige faktorer, men ikke hos alle. Måske gælder dette også sclerose?

Mai-Britt Guldin, Cand. Psych., Ph.d. og seniorforsker i sorg ved Aarhus Universitetshospital og Forskningsenheden for Almen Praksis, har skrevet bogen Sorg (fra universitetsforlagets bogserie Tænkepauser). Bogen indeholder beretninger om forskellige former for sorg. Bl.a. beskriver Mai-Britt Guldin "knust hjerte-syndrom". Hun fortæller, at sorg påvirker os både psykisk og fysisk. Sorg gør kroppen tung og tynger hjertet. Sorg kan påvirke bl.a. vores *nervesystem og immunforsvar*. Kan skilsmissen, som var turbulent og smertelig for børnene, have aktiveret sygdommen hos Christian? Har det været så stor en sorg for Christian, at det har kunnet være en medvirkende faktor til at aktivere sygdommen? Det er formentlig noget, vi aldrig får svar på.

Kroppen og sindet er nogle forunderlige størrelser, som kan klare et helt umenneskeligt pres for en tid, når det virkelig gælder. Men da der kom ro på Christians situation, røg jeg ned – både fysisk og psykisk.

Min psyke blev ramt først. Kort tid efter diagnosen i maj 2018 forsvandt mit overskud til alt andet end Christians sygdom. Jeg følte mig så alene og bange og havde frygtelige tanker om hans fremtid. Hver gang jeg så en kørestol – og dem så jeg pludselig overalt – tænkte jeg "sclerose". Jeg magtede ikke at skulle omgås andre mennesker mere end højst nødvendigt, og jeg takkede ofte nej til fester og andre sociale sammenhænge. Nye bekendtskaber var helt udelukket. Jeg orkede ikke at skulle forholde mig til andre mennesker og deres liv.

Jeg læssede naturligvis lidt af på familien. Søde kolleger gav mig knus og spurgte til mig. Veninder fortalte mig, at de var der for mig, hvis jeg havde brug for at tale, men i virkeligheden benyttede jeg mig ikke i særlig stor grad af nogens udstrakte arme. Jeg takkede dem for deres omsorg med et smil, og nogle gange græd jeg lidt. Jeg følte ikke, at folk virkelig forstod omfanget af sygdommen. Indimellem fik jeg en beretning om en person, som folk kendte eller perifert havde hørt om, som det gik så og så godt med i forhold til sclerosen. Jeg ved godt, at det var for at indgyde håb og opmuntring, men jeg blev (og bliver stadig) så irriteret, for denne sygdom er kendt som de 1000 ansigters sygdom. Hvad der er godt for en, kan være skidt for en anden. Det er så individuelt, om det hjælper at spise fisk eller løbe en maraton om ugen. Ligesom ved fx kræft kan man ikke bruge andres sygehistorie til noget. Jeg er af natur et meget positivt menneske, men jeg havde for en gang skyld brug for at tale om "hvad nu, hvis…". Det er så vigtigt at være positiv, synes folk – og forståeligt nok for det er da lettere at være sammen med en glad person - men livet er altså ikke altid godt, og jeg synes, det er vigtigt også at turde mærke de tunge følelser. Det er ikke muligt at bearbejde dem, hvis man ikke forholder sig til dem.

Da jeg startede på mit arbejde efter sommerferien 2018, følte jeg mig udbrændt og i en osteklokke. Ofte måtte jeg smutte ud på toilettet og græde. Jeg gik konstant rundt med en hård klump i maven. Jeg mødte ind på arbejde hver dag, da det gav mig en form for normalitet, og hvad skulle jeg med tiden derhjemme? Jeg blev mere og mere træt og kunne næsten ikke hænge sammen, når jeg kom hjem fra arbejde. Fysikken blev nu påvirket, og jeg begyndte at få sclerosesymptomer; ømskindet hud, snurrende fornemmelse i det ene ben og i armen og indimellem føltes det, som om et spændebånd blev strammet om mit bryst. Jeg tænkte selv, at det måtte være sclerose, og det kunne bare komme an! Jeg var ligeglad med, hvad der skete med mig. Jeg mente, at det var retfærdigt nok, hvis det også kom til mig.

Da jeg fortalte om det til en kollega, spurgte hun mig, om det kunne være noget psykosomatisk. Jeg kan huske, at jeg tænkte, at hun ikke forstod noget som helst, og at jeg fremover ikke gad at dele mine tanker og følelser med nogen. Som om jeg var sådan en irrationel person! Siden hen viste det sig, at det lige præcis var sådan, det hang sammen.

Jeg kunne godt mærke, at tingene nu spidsede til for mig, og at jeg ikke kunne blive ved med at forsøge at skjule min sindstilstand. Jeg gik til min overordnede og lagde kortene på bordet. Og sikke en forståelse, jeg blev mødt med! Der var ingen tvivl om, at hun kunne mærke, at jeg var tyndslidt. Vi fik en meget fin og ærlig snak, og det blev meldt ud, at jeg for en tid kørte på lidt lavere blus i form af kortere arbejdsdage. I dag kan jeg se, at jeg burde have været sygemeldt for en tid og have fået kvalificeret hjælp.

Gennem arbejdspladsens sundhedsordning fik jeg tid hos en psykolog, som jeg konsulterede en enkelt gang. Det føltes på ingen måde rigtigt, og samtalen ramte aldrig kernen helt rigtigt. Jeg havde ikke lyst til at komme igen.

Den 5. september var jeg hos min læge, som sendte mig videre til neurologisk afdeling på Regionshospitalet Viborg. Tom tog med mig på hospitalet, og vi var til samtale og undersøgelse ved Christians scleroselæge, Friedrich. Han henviste mig til MR-skanning og lumbalpunktur.

Den 8. oktober 2018 tog Tom og jeg til Regionshospitalet Silkeborg til MR-skanning. Da jeg vidste, at det ville blive svært for mig, havde jeg fået en beroligende pille af min læge. Jeg syntes nu ikke, at den havde nogen effekt (garanteret placebomedicin!), og jeg trykkede 3 gange på stopknappen, før det lykkedes mig at blive inde i skanneren. Lumbalpunkturen blev foretaget den 24. oktober 2018 i Viborg. Det var selvfølgelig ikke behageligt, men de to sygeplejersker var meget dygtige, og det gik fint. Efterfølgende skulle jeg til lægesamtale den 4. december 2018, hvor resultaterne fra skanningen og lumbalpunkturen skulle gennemgås.

Samtalen den 4. december blev imidlertid udsat til den 21. december, hvilket vi tog som et udtryk for, at jeg ikke kunne have nogen alvorlig sygdom. Og det havde jeg jo heller ikke. Skanningsbillederne var fine og viste ingen plaks. Vi talte situationen igennem, og lægen nævnte ordet "psykosomatisk". Nu var jeg mere lydhør overfor dette fænomen. Da lægen herefter afsluttede mit forløb på neurologisk afdeling, tog jeg derfra med en følelse af at være lidt flov over mig selv, for jeg plejer jo altid at være så stærk, og jeg er bestemt heller ikke nogen hypokonder, men jeg forstod pludselig også, hvor ramt min psyke var. At min psykiske tilstand rent faktisk kunne påvirke min fysiske tilstand som et resultat af nogle ubevidste, mentale konflikter eller uløste psykiske komplekser.

Her stod jeg så. Der var gået 7 måneder siden vores verden blev vendt op og ned, og jeg var pludselig klar over, at det nu var tid til at tage mig af mig selv. Lytte til mig selv.

Jeg havde en masse følelser i mig. Jeg var ked af denne uretfærdighed, der havde ramt Christian. Herudover følte jeg, at vi som familie var dårlige til at tale sammen om sclerosen, hvilket gjorde mig frustreret og vred. Jeg syntes ikke, at min familie deltog nok. Hvorfor kom de ikke og hjalp mig, når jeg nu havde det så skidt?

Naturligvis kan jeg tale med både Tom, familie og venner om Christian og hans sygdom, men det er ikke noget, jeg gør ret ofte længere. Jeg føler, at jeg belaster den gode stemning, fordi sorgen altid er iboende. For der er ikke noget, der hedder at komme videre. Man finder et rum til sorgen, til tankerne – en accept af, at uanset alle gode ting, der sker, vil sorgen altid være der.

I starten ville Christian ikke rigtigt tale om det, men det var naturligt nok ifølge personalet på hospitalet. De havde forklaret, at det for så ungt et menneske kunne tage flere år, før diagnosen havde bundfældet sig. Siden hen har jeg mange gange forsøgt at tale med Christian om det, og det er bestemt blevet til flere alvorlige samtaler, men Christian har endnu ikke åbnet sig helt op for mig.

Tom lytter selvfølgelig til mig, hvis jeg gerne vil tale om det, men det er ikke et emne, han selv kommer ind på. Han er selv forælder, men ikke far til mine børn, og derfor har han naturligvis heller ikke samme følelse omkring Christian som jeg. Det forstår jeg.

I forhold til mine forældre kender jeg i dag deres "tilbageholdenhed". De kæmpede selv med at håndtere Christians diagnose, som gav anledning til flere af de i forvejen søvnløse nætter, som de har grundet sygdom og andre familiære forhold. Herudover tilhører de også den generation, som ikke er helt så gode til at sætte sig og få talt om alle de følelser, der fylder. Jeg spurgte dem engang, om de ville låne noget materiale med hjem, så de kunne læse mere om sygdommen. De svarede mig, at de faktisk ikke ønskede det, fordi de havde svært ved at tage det. Det forstår jeg, men jeg føler det også som en form for svigt, for jeg har da også svært ved at tage det. Det bliver jo ikke lettere at klare, bare fordi man ikke taler om det.

Når jeg var sammen med Cecilie, talte jeg rigtig meget om Christian og hans sygdom. Jeg spurgte hende flere gange om, hvordan hun som søster havde det med at være pårørende til en kronisk syg. Hun var selvfølgelig ked af det, men jeg havde ikke indtryk af, at hun var meget påvirket af det. Jeg ville gerne give hende nogle facts om sygdommen, så hun forstod alvoren i den og dermed var forberedt, hvis Christian åbnede sig for hende og Lucas.

Det var først i sommeren 2019, det gik op for mig, hvordan min dejlige datter havde det. Tom og jeg var på ferie i Malente - en lille, hyggelig, tysk by, og vi havde inviteret Cecilie og Lucas derned et par dage. Da vi en aften spiser på en italiensk restaurant, taler jeg igen om Christian. Cecilie fortæller mig, at hun er træt af hele tiden kun at høre om Christian. Hun er selvfølgelig ked af, at han har fået sclerose, men jeg skal også huske på, at der er andet i verden at fokusere på. Jeg tror, jeg gled af på den, men der er ingen tvivl om, at Cecilie gav mig det kærlige puf, jeg havde brug for. Det var jo ikke sådan, at jeg ikke interesserede mig for hende eller andre for den sags skyld, men Christians sygdom var bare så alvorlig for mig, at jeg dermed ikke huskede at give hende så megen opmærksomhed. Jeg havde slet ikke været bevidst om Cecilies følelser. Selvfølgelig havde hun også brug for, at jeg havde fokus på hendes liv. Det forstår jeg også. Jeg har siden da tænkt meget over at tale om noget andet end Christian og hans situation, når jeg er sammen med Cecilie. Hun skal også have fred og mærke, at jeg selvfølgelig er lige så interesseret i hende og hendes liv.

Men al den forståelse for alle andres følelser gør, at jeg synes, jeg var og er på en ensom vandring…

Cecilies ord var med til at få tågerne til at lette hos mig. Hun havde jo fuldstændig ret! Hvis jeg skal være helt ærlig, så var hun nok også den eneste, der ville kunne have sagt sådan til mig. Det havde en effekt, uden at jeg blev sur.

Det er uklart for mig, hvornår min boble blev brudt, men på et tidspunkt i sensommeren 2019 begyndte jeg at finde en rytme i hverdagen. Jeg mærkede, at mit overskud lige så langsomt begyndte at vende tilbage, og jeg kunne tage mere ind – både privat og på arbejde. Dog tror jeg aldrig, jeg bliver den samme som før. Jeg er blevet lidt mere alvorlig og har langt oftere end før brug for alenetid. Min krop kommer meget hurtigt i alarmberedskab, hvis der ikke er struktur og ro omkring mig. Dog har alt dette ironisk nok haft én positiv effekt på mig, synes jeg. Sandsynligvis qua manglende mentalt overskud tror jeg, at den sidste rest af "flinkeskolen" blev udfaset (den øvrige del forsvandt som følge af en ekstrem hård skilsmisse og dens følger). Alt overflødigt er skåret væk, og jeg kan rent faktisk sige "ja" og "nej" og fra. Jeg gider ikke noget shit mere, og tingene skal løses, som de kommer. Derfor går jeg ikke længere rundt med så mange tanker om, hvorvidt jeg kunne have gjort forskellige ting anderledes. Ikke at det ikke eksisterer længere, men det har fundet et andet plan, hvilket nok er sundt for mig.

CHRISTIAN

Christian er en rolig og mild ung mand, som sjældent bliver sur og vred. En god dreng, som altid har været tænkende og godt begavet. I de små klasser var han lynhurtigt færdig med sine lektier, hvilket resulterede i ekstraopgaver. Det var fint for en tid, indtil det ligesom ikke virkede som en belønning.

Så skete der en forandring i udskolingen. Han var træt, fik ikke lavet lektier og afleveringer til tiden og engagementet var reduceret til et minimum. Jeg tænkte, at det skyldtes hans titel som teenager, hvilket helt sikkert også var fakta for en vis del, men gennem MR-skanningerne ved vi også nu, at Christians sclerose formentlig går helt tilbage til 13 års-alderen. Jeg "piskede" og tvang ham til læsning og analyser m.m. og forstod ikke, hvorfor han ikke tog sig sammen og gav den en skalle.

Christian afsluttede folkeskolen med middelkarakterer og uden andre fremtidsdrømme end at blive professionel gamer. Han tog på Efterskolen Ådalen et år, og min fornemmelse er, at det var godt for ham. Han valgte et prøvefrit 10. klassesår, og det var helt sikkert et rigtigt valg at få en pause fra prøver og præstationer.

Herefter startede han på Silkeborg Gymnasium. Flere af de tidligere klassekammerater fra folkeskolen gik på Bjerringbro Gymnasium, men Christian ville gå et sted, hvor han var et helt nyt kort og lære nye mennesker at kende. Det syntes jeg var fantastisk og modigt. Han fik nye venner og fik arbejde i Meny i Silkeborg. Det gik imidlertid ikke som forventet. Christian fik advarsler på grund af fysisk fravær og manglende afleveringer. I foråret ved afslutningen af 1.g stod det helt galt til. Det hele var kørt ud på et skråplan. Christian ville droppe ud af gymnasiet og flytte i lejlighed med en studiekammerat. Det kunne slet ikke gå. Christian var 17 år og havde hverken penge eller planer. Et sceneskift var nødvendigt, og Jørgen, Christian og jeg satte os ned og tog en snak om det. Aftalen blev, at Christian skulle fortsætte sine studier på Bjerringbro Gymnasium. Jeg ringede til rektor, og Christian fik lov til at starte der efter sommerferien og fortsætte i 2.g. Han var lige blevet 18 år.

I april skulle årgangen til Bruxelles, men Christian kom aldrig med på denne tur, for det var i ugen forinden, at hans synsnervebetændelse blev konstateret og dermed opstarten på scleroseudredningen.

Efter sommerferien 2018 startede Christian i 3.g, men dette skoleår gik heller ikke godt, og han havde for meget fravær – igen både fysisk og lektiemæssigt. I oktober havde vi inviteret alle børn og svigerbørn på 2 x 50 års fødselsdagsferie i Tyrkiet, og på en sejltur talte Christian og jeg om gymnasiet. Jeg fortalte ham, at jeg ikke ville blive skuffet, hvis han droppede ud. Betingelsen var så bare, at han fandt sig et arbejde, så han kunne tjene sine egne penge. Om han havde behov for 1-2-3 sabbatår, var jeg sådan set ligeglad med, bare han havde et job, mens han fandt ud af, hvad han ville. Christian afviste blankt at droppe ud, og han skulle nok give den en skalle. Men Christian var mentalt træt af sin livssituation og af skolen, og det endte med, at han den følgende sommer desværre ikke bestod alle fag og dermed ikke fik sin studentereksamen.

Christian fik lavet en aftale med gymnasiet om, at han kunne gå i 4.g og færdiggøre de 4 fag, han manglede (dansk, spansk, historie og oldtidskundskab), så han dansede lanciers, deltog i studenterkørsel og festede med de andre 3. g'er. Vi gav ham huen på nede ved Tange Sø. Dette kunne ikke foregå på gymnasiet, da han ikke havde en bestået studentereksamen.

Christian startede i 4.g efter sommerferien 2019 og blev tilknyttet en mentor. Det var en fin ordning, men set i bakspejlet var det slet ikke det rigtige for ham på dette tidspunkt. Christian havde brug for at trække håndbremsen, havde brug for at der ikke blev stillet krav til ham, havde brug for ikke hele tiden at skulle præstere.

Hans skolegang fortsatte i samme rille som i 3.g; igen for meget fravær og manglende afleveringer. Når Christian var hos os, lavede han sjældent lektier, og inderst inde var jeg jo klar over, at det gik den forkerte vej. Han meddelte os i februar 2020, at han stoppede på Bjerringbro Gymnasium.

Jeg havde en forventning om, at han hurtigt ville sørge for at få sig et job, men inden det skete, var Coronaen over os med hjemsendelse og nedlukninger. Så fulgte der en tid, hvor Christian lukkede sig rigtigt meget inde – både på værelset og i sig selv. Han gamede i de fleste vågne timer og vendte totalt om på dag og nat.

I april ringede Christians mentor fra Gymnasiet. Han syntes, det havde været så brat en afslutning, så han ville lige høre, hvordan det gik med Christian. Vi talte lidt om det, og han sagde, at han ville aftale et digitalt møde med Christian, UU-vejlederen og ham selv. Dette møde har aldrig fundet sted. UU-vejlederen har ringet til Christian, men Christian gav udtryk for, at det gik fint, og at han arbejdede for sin far! Jeg blev helt forfærdet over at høre dette og ringede til UU-vejlederen. Christian sendte hende en fuldmagt, hvori han gav tilladelse til, at jeg talte med hende. Hun kom med forslag om, at han startede på Produktionshøjskole. Det ramte helt ved siden af ift. Christian og hans personlighed. Jeg fortalte hende, at han bestemt ikke skulle gå i skole lige nu, men havde brug for at få et arbejde, så han havde noget at stå op til og kunne tjene nogle penge. Han fik overhovedet ingen hjælp af UU-vejlederen. Han er tværtimod blevet syltet og har slet ikke hørt fra hende siden.

En dag insisterede jeg på, at Christian og jeg skulle have en snak om situationen. Han fortalte mig, at han var ked af det og faktisk nok lidt deprimeret. Hans liv havde været røv og nøgler i flere år nu, og nu var han træt af det hele. Han havde det faktisk bedst, når han gamede. Det var et frirum for ham, hvor han gjorde noget, han var god til. Jeg blev så ked af det, for Christian er god til så mange ting, hvis han vil det. Til gengæld er det også helt forståeligt og naturligt, at der måtte komme en reaktion. Han havde jo ikke på noget tidspunkt haft tid til at deale med sin nye, uvelkomne livsledsager. Jeg foreslog, at han fik nogle psykologsamtaler hos en af Scleroseforeningens psykologer, men det ville han slet ikke høre tale om. Så måtte mit bedste bud være at give ham lidt fred for en tid.

Efter sommerferien 2020 gik den ikke længere. Nu skulle der gang i jobsøgningen, og jeg hjalp ham med at få lavet ansøgninger og et C.V. I september gav det bonus, og han fik job som vært hos Bowl 'n' Fun i Silkeborg. Det var bare så godt for ham, og han blomstrede op. Pludselig havde han noget at fortælle. Nu skete der også noget i hans liv, og samtalen ved aftensbordet gik meget mere flydende. Det varede imidlertid kun en måneds tid, og så blev Danmark igen ramt af nedlukninger. Hele møllen startede igen, og samtidig ville Christian og Julie også gerne flytte sammen på et tidspunkt.

Jeg kontaktede min søster, som bestyrer en stor Matas i Silkeborg, og hun skaffede Christian et job som juleassistance i november og december måned. Det var bare så dejligt, og igen blomstrede han op. Mon ikke alle mennesker bare har det bedst med at have noget at stå op til og føle, at der er brug for en? Hverdagen skal fungere, for det er dem, der er flest af i livet.

Nytårsnat fik vi besøg af Christian og hans gode ven. Snakken faldt på arbejde, studier og fremtiden, og alle kom med forslag og velmenende råd, men på et tidspunkt lyder det stille fra Christian, at han godt ved, at han ikke er noget værd. Det fik det hele til at krympe sig i mig. Da gik op for mig, at Christian slet ikke var så sorgløs og easy-going, som han gav udtryk for. Og selvfølgelig er han ikke det, for han er blevet budt et helt urimeligt livsvilkår i en alder af 18 år. Han har holdt følelserne inde i sig selv og ladet som om, det ikke påvirkede ham. Han har grinet med, når hans medstuderende kaldte ham "sclerose kid". Jeg er helt med på, at man mange gange er nødt til at bruge sort humor for at klare en situation, men det synes jeg ikke går under denne kategori.

Så kom januar 2021, og vi gik igen i gang med den store jobsøgning. Der tog kun et par uger, og så lykkedes det. Christian startede som lagermedarbejder dagen efter sin jobsamtale med en god løn og kun 10 km fra hjemmet.

Efterfølgende er Christian og Julie flyttet sammen i en dejlig lejlighed i Silkeborg. Ny, lys og lækker og tæt på natur og sø.

MÅ VI SNART FÅ NOGET RO!

<u>Onsdag den 10. marts 2021</u>

Så skete det, som vi faktisk aldrig havde talt om eller tænkt kunne ske. Efter 2 ½ års behandling med Tysabri blev jeg ringet op af en sclerosesygeplejerske. Hun fortalte mig, at den seneste blodprøve fra februar viste, at Christian var JC-virus positiv. Det betød nu, at vi skulle til lægesamtale den 25. marts for at drøfte den fremtidige behandling. Som tidligere nævnt kan en af bivirkningerne ved Tysabri medføre PML (hjernebetændelse), hvis man testes positiv for at bære JC-virus.

Jeg var lidt ved siden af mig selv efter samtalen. Jeg ringede til Christian, som straks svarede "så skal jeg skifte medicin", hvilket er fuldstændig korrekt. Jeg blev lidt overrasket over, at han kendte konsekvensen, for Christian har for det meste givet indtryk af ikke at kende til detaljer omkring sygdommen.

Jeg undersøgte en masse omkring JC-virus og PML, og dagen efter ringede jeg til scleroseklinikken for at få oplyst JC-virus-indekset. Det lå på 0,41, hvilket heldigvis er i den lave ende. Tidligere reagerede de først, hvis det lå på 0,8, men dette er nu sat ned til 0,4. Det er der jo en grund til, så det beroligede mig ikke meget. Sygeplejersken fortalte mig herudover, at den nu foreslåede behandling ville være Ocrevus, og at hun ville sende både Christian og mig information om denne medicin.

Nu fulgte 15 møgdage. Jeg var så ked af det. Havde så ondt i maven. Dejligst at sove. Morgenen var skøn som altid, når jeg vågnede, men så gik der et øjeblik, hvorefter jeg mærkede knytnæven i maven, og så huskede jeg hvorfor. Irriterede øjne efter en flod af tårer. Denne gang orkede jeg ikke at fortælle ret mange om mine følelser og tanker. Jeg gik rundt i en osteklokke og gjorde det, der var absolut nødvendigt – resten kunne rende mig.

Jeg modtog brochuren om Ocrevus. Læste den og havde så efterfølgende nogle spørgsmål, som Christian og jeg stillede til samtalen.

Jeg undersøgte, om både Jørgen og jeg kunne tage med til samtalen, men det var ikke muligt pga. Corona, så den 25. marts tog Christian og jeg til samtalen på sygehuset.

<u>Torsdag, den 25. marts 2021</u>

Jeg hentede Christian kl. 9.15 på sit arbejde, og vi kørte mod Viborg, mens vi talte om den forestående samtale.

Vi stillede vores spørgsmål og fik følgende svar:

- Ocrevus har ikke samme effekt som Tysabri (kan reducere/forsinke udviklingen af sygdommen med 50 % mod 70 % med Tysabri)?

  Ocrevus er næste valg efter Tysabri. Tysabri har virket stort set 100 % på Christian, så Ocrevus kan måske regnes som virkende 70 % på ham i stedet for 50 %

- Opstart med Ocrevus – skal noget af blodet udskiftes for at fjerne Tysabri?

  Blodet skal ikke udskiftes. Ift. blodprøver, MR-skanning og lumbalpunktur vil der gå 4-6 uger inden opstart med Ocrevus, hvorfor Tysabri vil være ude af kroppen

- PML kan forekomme med Ocrevus, så hvorfor skifte? Og er det så ikke farligt at skifte til Ocrevus?

  Risikoen for PML er den samme for alle resterende præparater, og Christian SKAL jo have medicin

- Man skal have binyrebarkhormon før Ocrevus-infusion, men hvad så med udtyndingen af knoglerne?

Ja, han skal have binyrebarkhormon, men det er i så lille en mængde, at man ikke vurderer det som værende farligt. Han skal blot også tage kalktabletter

- Hvorfor skal Christian ikke længere have foretaget de halvårlige blodprøver ift. JC-virus, nu hvor PML stadig kan forekomme – det er utrygt?

PML kan ikke ses i blodprøver

Ocrevus var nu det bedste valg til ny medicin, og Christian blev sendt ned for at få taget nye blodprøver. Næste plan var lumbalpunktur den 7. april samt MR-skanning, som skulle fremrykkes ift. den planlagte aftale i juni.

Jeg troede, at samtalen ville give mig ro og afklaring, men det var ikke tilfældet. Jeg tror også, at det gælder for Christian. Nu bankede alvoren igen på døren.

OCREVUS

Ocrevus gives ligesom Tysabri som en infusion i en blodåre. Ocrevus binder sig til overfladen på bestemte hvide blodlegemer kaldet B-celler. Herved gives der signal til kroppen om, at de markerede B-celler skal fjernes. Medicinen binder sig ikke til alle B-celler, men målrettet til dem, som kan have betydning for udviklingen og forløbet af MS. Ved attakvis multipel sclerose hjælper Ocrevus med at reducere attakker og bremser udviklingen af sygdommen.

Risikoen for at få en infektion øges, når man får Ocrevus. Det er pga. at de immunceller, som bekæmper infektioner, nu får Ocrevus.

Før hver behandling får man binyrebarkhormon, antihistamin medicin mod feber. Mens man får Ocrevus, måles der blodtryk hver ½ time.

Som med al medicin er der også bivirkninger ved Ocrevus, hvorfor patienten overvåges mindst 1 time efter hver behandling.

Behandlingen tager 4-6 timer, så det handler om at se det som en dag, man hiver ud af kalenderen.

OPSTART MED OCREVUS

Christian skal have første behandling den 22. april 2021. Et par dage før denne tages der blodprøver, og alt er ok.

Vi møder ind, og der tages blodtryk og måles temperatur. Alt er, som det skal være, og der anlægges venflon. Forud for Ocrevus-behandlingen laves der ikke SDMT-test (som ved Tysabri-behandlingen) for at undersøge patientens kognitive funktion, da Ocrevus ikke påvirker denne funktion på samme måde.

Christian får 3 piller – 2 antihistaminer og 1 binyrebarkhormon, hvorefter han skal vente 1 time før infusionen.

Infusionen påbegyndes, og som nævnt måles blodtrykket og hjerterytme hver ½ time, hvorefter der skrues lidt op for droppet. Den første behandling med Ocrevus opdeles i 2 halve doser med 14 dages mellemrum.

Det hele forløber fint, og Christian tåler tilsyneladende behandlingen. Da vi jo er klar over, at dette er et heldagsprojekt, kan vi lige så godt få det bedste ud af det, så jeg har medbragt mad og drikke samt bog og kryds og tværs. Christian har også sin bærbar med.

Den 6. maj møder vi ind til anden dosis, og det hele forløber igen uproblematisk.

Næste step er nu lægesamtale i august og næste behandling i november. Det er virkelig positivt, at der fremadrettet kun er behandling hvert ½ år fremfor hver måned.

EFTERSKRIFT

På verdensplan rammes stadig flere og flere af sclerose. Der er i dag 2,8 millioner mennesker med sclerose. Danmark er det 4. hårdest ramte land i verden næstefter San Marino, Tyskland og USA. Faktisk er forekomsten i Danmark næsten 9 gange så stor som i den gennemsnitlige forekomst i verden. I skrivende stund lever ca. 17.300 mennesker i Danmark nu med sygdommen, hvoraf ca. 4000 er placeret i Region Midtjylland. Hver dag får ca. 2 danskere konstateret sclerose.

Sclerosen har store konsekvenser for de personer, den rammer. Forskningen viser, at allerede 5 år efter diagnosetidspunktet forlader patienterne delvist det ordinære arbejdsmarked som følge af sygdomsforværring, og blot 2 år senere forlader de arbejdsmarkedet helt.

Jeg engagerer mig meget i Christian og hans sygdom. Det kan jeg slet ikke lade være med, og gennem vores familiemedlemskab i Scleroseforeningen følger jeg med i forskning og resultater. Jeg deltager i den årlige indsamling, som nu glædeligt er blevet landsdækkende, og jeg har meldt mig som frivillig arbejdskraft i lokalafdelingen i Silkeborg. Herudover er jeg en del af et pårørendepanel i Scleroseforeningen, som et par gange årligt bliver kontaktet til viden og forskning. Jeg er stadig med Christian til behandlinger, lægesamtaler og skanninger på sygehuset. Så længe Christian vil have mig med, tager jeg med. Han ved godt, at han bare skal sige til, når han ikke ønsker det længere.

Jeg har været fanget i det, som psykologer betegner som "overlevelsesskyld". Jeg oplevede en irrationel følelse af svigt overfor Christian, hvis jeg blev glad over noget, eller hvis livet føltes lettere, når det nu ikke blev det for ham. Denne følelse kan gøre det svært at træde ud af sorgen igen. Tiden læger ikke alle sår, men i dag kan jeg sige, at livet er godt på trods. Den dybereliggende sorg vil aldrig forsvinde, men man finder et rum at opbevare den i med tiden, så man kan være i det og leve videre og igen være noget for andre. Glade stunder titter frem igen, og pludselig kan man grine uden at føle, at det er forkert. Når jeg ser Christian, er min første tanke ikke længere "sclerose". Det er ikke længere sygdommen, der definerer ham.

Mine prioriteter har ændret sig. Det betyder ikke længere noget, hvilken uddannelse eller hvilket job, mine børn har, eller om de har 1, 2 eller 3 sabbatår. De vigtigste er, at de er glade for det, de laver, og at de kan overleve følelsesmæssigt og økonomisk i det liv, de vælger. Det betyder hverken ligegyldighed, naivitet eller carte blanche fra min side. Jeg ved bare nu, at livet er skrøbeligt, og man skal gøre det, man vil. Jeg vil altid være der for mine børn og støtte dem.

Jeg er så glad for, at Christian har fået arbejde. Nu er han igen virkelig deltagende i samtaler og virker positiv. Jobbet gav ham mulighed for at kunne flytte hjemmefra, og han har nu ro på til at kunne gøre sig overvejelser om fremtiden.

Scleroseforeningen har netop publiceret en artikel om nogle nye forskningsresultater, som ikke er afvisende overfor en mulig fremtidig vaccine mod sclerose. En verdenskendt virksomhed bag en af Corona-vaccinerne er ved at undersøge dette. Indtil videre viser vaccinen spændende resultater hos mus med en scleroselignende sygdom.

Det første forsøg med vaccinen, som - håber man - kan bremse sclerose, er netop afsluttet, og resultaterne fra museforsøgene får håbet til at spire. De afslører nemlig, at vaccinen ser ud til at helbrede musene. Vaccinen bremser sygdomsudviklingen i musene, og resultaterne peger endda på, at den også har en gavnlig effekt på nogle af de motoriske skader, som musene har fået af den scleroselignende sygdom. Udsigterne med vaccinens virkning på mennesker med sclerose ligger dog et stykke ud i fremtiden. Først skal der nemlig styr på forskellige tilladelser, før man må forske i effekten hos mennesker. Når det er på plads, kan man gå i gang med de første studier, som er sikkerhedsforsøg, inden man undersøger virkningen af vaccinen hos mennesker med sclerose.

Denne sygdom får heldigvis til stadighed større fokus, og midlerne til forskning bliver også større, så mit håb er derfor, at man en dag finder årsagen og en behandling til denne invaliderende sygdom.

Tænk sig, hvis min dreng en dag kunne blive rask…